Género Cuento folclórico

Pregunta esencial

¿De dónde vienen las buenas ideas?

La hija del molinero

Versión de Marcela Villegas-Gómez
ilustrado por Angela Rubien

Capítulo 1

Lo que dice la rueda del molino

—Abuela, cuéntame un cuento que hable de una niña como yo.

—Entonces será un cuento sobre una niña muy inteligente. Te voy a contar un cuento muy antiguo: es la historia de la ingeniosa Azucena. Me lo contó mi abuela. Ella lo escuchó de su madre. Presta atención para que un día se lo cuentes a alguien más.

Hace mucho tiempo, en el gran reino de un sultán, vivió un molinero llamado Omar. Su bella y sabia esposa había muerto en el nacimiento de su única hija, Azucena. El molinero se había hecho cargo de la crianza de la pequeña niña. La cuidaba como a un tesoro.

Azucena creció fuerte, hermosa e inteligente, como su madre. Era muy aplicada en sus estudios y curiosa de todo lo que la rodeaba. Siempre tenía ideas buenas y originales para resolver los problemas de grandes y chicos. La gente del pueblo la admiraba y la quería mucho, pues su ingenio había sacado a varios de apuros.

El sultán del reino era muy joven y bastante caprichoso. Un día en el que estaba especialmente aburrido, llamó a su visir y le dijo:

—Escucha con cuidado. He decidido probar la inteligencia de los habitantes de mi reino. Cada súbdito tendrá que responder una pregunta difícil. Quien responda bien, recibirá un premio magnífico; aquel que no sepa la respuesta, irá a la cárcel de paredes empinadas. De allí nadie ha escapado jamás.

Aunque lo dicho por el sultán parecía un disparate, el visir hizo cumplir sus órdenes de inmediato.

El primer súbdito que se presentó ante el sultán fue Omar, el molinero. Con severidad, el sultán le advirtió:

—Molinero, pon atención. Te doy plazo hasta mañana para que respondas esta pregunta: ¿Qué dice la rueda del molino de mi jardín?

Detective del lenguaje	**La oración subrayada es imperativa. Busca otra oración imperativa en esta página.**

Muy preocupado, Omar se despidió del sultán. Llegó llorando donde estaba su hija.

—Hija, voy a ir a la cárcel. No sé cómo responder la pregunta del sultán.

—Papá, conozco al carpintero del palacio y la historia de esa rueda de molino. Está hecha con la madera de un árbol de mangos. El sultán la hizo cortar cuando una de sus ramas lo golpeó.

Azucena le dijo a su asustado padre que repitiera exactamente lo que iba a decirle.

Capítulo 2

El jardín y el camello

Al día siguiente, Omar se presentó ante el sultán y le dijo:

Yo era un árbol de mangos
y al gran sultán ofendí.
Por dejar sueltas mis ramas,
en rueda me convertí.

El sultán se sorprendió cuando el molinero adivinó la respuesta. Pero como era tan caprichoso, quiso ponerle otra prueba aún más difícil de resolver, algo que parecía imposible.

—Molinero —le dijo el sultán—, aún no me convences. Te voy a poner otra prueba. Quiero probar tu astucia e inteligencia. Tienes dos días para traerme un jardín en el lomo de un camello.

El pobre Omar se sintió desesperado. No sabía cómo iba a superar esa prueba. Un jardín era muy grande y pesado, ¿cómo podría llevarlo hasta el palacio en un camello? No se le ocurría ninguna solución.

—Azucena —dijo el molinero apenado—, pienso que es mejor desaparecer. Me voy a esconder donde el sultán no pueda encontrarme.

—Papá, eso no es necesario —dijo su hija—. Esta prueba es más fácil que la anterior. Los jardines pueden tener muchos tamaños.

Azucena encontró un plato hondo, hermoso y grande, y allí plantó un jardín.

—Usa otro plato, hija —dijo el molinero—. Este plato es un amuleto de la suerte. El que tenga un talismán como este jamás pasará hambre.

—Papá, nunca hemos pasado hambre, porque tú trabajas mucho en el molino —contestó Azucena—. Y si no le llevas el jardín al sultán, irás a la cárcel.

Azucena decoró el plato con pequeñas plantas florecidas de colores. Su pequeño jardín se veía muy hermoso. Lo ató con cuidado al lomo del único camello que tenían. Estaba listo para llevarlo hasta el palacio del sultán.

Capítulo 3

Cabalgar, andar, reír y llorar

Cuando el sultán vio el original jardín que Omar le había traído, se asombró por su ingenio. Sin embargo, el monarca aún no estaba satisfecho y le dijo:

—Muy bien, molinero. Parece que tu mente es invencible. Te pondré una última prueba. Si la resuelves, habrás demostrado que tu inteligencia es imbatible y te convertiré en un hombre muy rico. Preséntate en una semana en mi palacio. Debes estar, simultáneamente, cabalgando y andando; riendo y llorando.

Al volver a casa, Omar le contó a su hija el nuevo reto que le había hecho el sultán.

—No te preocupes, papá. Algo se me ocurrirá —dijo la muchacha con una sonrisa.

Azucena no encontró la respuesta de inmediato, pero como tenían una semana de plazo, no se desanimó. La muchacha analizó la situación. Pensó con cuidado en el problema, hizo varios dibujos en un cuaderno y los midió con una regla. Luego de un buen rato, encontró una solución.

Con un trozo de cuerda midió el largo de las piernas de su papá. Salió con un aire de misterio y estuvo todo el día recorriendo las casas de sus vecinos y midiendo a sus burros con la misma cuerda.

Finalmente, encontró un burro muy bajito y mansito, de pelaje suave y gris. Azucena pidió prestado el pequeño burro a sus vecinos y así consiguió resolver una parte del problema.

Detective del lenguaje	**¿Cuál es la función de las comas en la oración subrayada?**

—Papá —dijo Azucena—, móntate en este burrito y apoya tus pies en el piso. Así podrás cabalgar y caminar al mismo tiempo. Es la única forma de que cumplas con la primera parte de la prueba.

—Sí, hija, está bién. ¿Y cómo podré llorar y reír a la vez? —le preguntó el molinero.

—Calma, papá, no te preocupes, ya lo solucionaré. Ten paciencia que pronto se me ocurrirá algo —dijo Azucena.

Azucena hizo un traje para su padre. Con corteza de palma hizo una gran armadura que parecía el carapacho de un fuerte cangrejo.

Detective del lenguaje	**¿Cómo sabes que el texto subrayado es una oración interrogativa?**

Vistiendo el traje creado por Azucena, Omar, el molinero se veía muy extraño. Se miró en el espejo y no pudo parar de reír.

El día final del plazo llegó, y Omar se presentó ante el sultán. El molinero caminaba mientras cabalgaba sobre el burrito. Lloraba, porque cortaba cebollas mientras avanzaba. Y no podía parar de reírse de pensar en lo ridículo que se veía.

El sultán tampoco pudo dejar de reírse desde que lo vio aparecer en el horizonte. Admirado, premió a Omar con una bolsa llena de monedas de oro.

—¡Felicitaciones, molinero! —dijo el sultán—. Eres tan sabio que, además del oro, mereces que te nombre mi consejero.

—Gracias, su alteza —dijo el molinero contento—, pero fue mi hija Azucena la que resolvió todos los acertijos. Ella se merece el premio.

—Llama a tu hija —ordenó el sultán—. Ella será mi consejera.

Así, Azucena fue nombrada consejera del sultán. Gracias a las originales recomendaciones de Azucena, el sultán gobernó el reino durante muchos años con sabiduría y justicia.

—Esta, nieta mía, ha sido la historia de Azucena, una niña tan buena e inteligente como tú. Recuérdala muy bien y ten presente que si somos bondadosos y razonamos con calma, siempre podremos encontrar la solución a los problemas que la vida nos presenta.

Respuesta a la lectura

Resumir

Usa los detalles más importantes de *La hija del molinero* para resumir el cuento. Usa el organizador gráfico como ayuda.

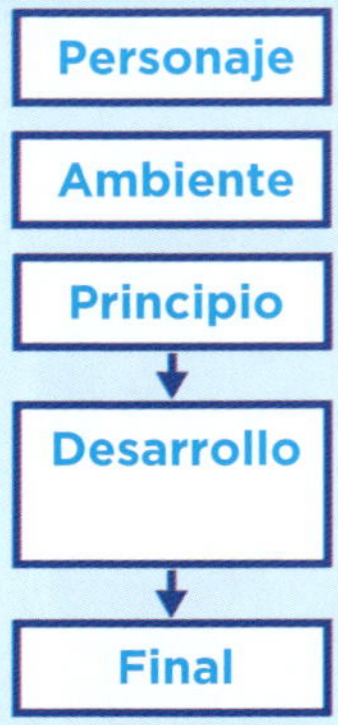

Evidencia en el texto

1. ¿Cómo sabes que *La hija del molinero* es un cuento folclórico? Identifica dos características que indiquen que es un cuento folclórico. **GÉNERO**

2. ¿Qué sucesos hacen que el sultán decida probar la inteligencia de sus súbditos? **SECUENCIA**

3. En la página 14, aparece la palabra *alteza*. ¿Qué sinónimos tiene esa palabra? Usa claves de contexto para averiguarlo. **SINÓNIMOS**

4. Escribe cómo resolvió Azucena el último desafío del sultán. **ESCRIBIR SOBRE LA LECTURA**

Género Fábula

Compara los textos

Lee para saber qué idea ingeniosa se le ocurrió a un trío de gallinas atolondradas.

Dónde vive el lobo feroz

Tres gallinas apostaron cuál de ellas encontraría la guarida del lobo feroz, el villano más malvado de los cuentos de animales. El premio era un huevo de oro. El gallo intentó convencerlas de que abandonaran esta peligrosa idea. Ellas no lo escucharon.

Elma, la gallina de mayor edad, escuchó que el lobo feroz vivía en el bosque oscuro. No veía bien. Además olvidó sus anteojos antes de partir, porque tenía prisa. En el bosque vio un animal con cola, orejas y trompa.

Entonces pensó: "Te encontré lobito. Ahora tendré un hermoso huevo de oro".

No sabía que el animal que había visto no era un lobo. Era una zorra que iba a visitar a sus cachorros. La gallina siguió a la zorra hasta su refugio. Allí fue sorprendida por los cachorros que se lanzaron sobre ella. Logró escapar, aunque perdió muchas plumas.

Keka investigó en varios cuentos infantiles y libros acerca de los animales carnívoros. Así pudo llegar a la guarida del lobo feroz. Estaba lista para encontrar a un animal perverso y no esperaba que el lobo la recibiera con una cálida bienvenida. Él le preparó una deliciosa cena.

—Veo que te ha gustado la comida, gallinita. Ahora yo disfrutaré de un apetitoso postre —dijo el lobo, mientras se abalanzaba sobre ella para devorarla. Keka logró salvar su vida, pues tuvo la ingeniosa idea de llamar al cazador del bosque.

Greta era muy inteligente. Así lo creían en el gallinero, porque alguna vez participó en una lluvia de ideas y su idea fue la más atinada. Creía que no era un buen plan buscar la guarida del lobo feroz. Si lo llamaban así era por algo.

Greta vio llegar al gallinero a sus dos amigas. Venían muy asustadas. Elma y Keka le contaron a Greta sus desventuras. Las tres coincidieron en que no era bueno entrar a la boca del lobo y que el mejor premio fue escapar con vida.

Moraleja: No es sensato poner la vida en peligro.

Haz conexiones

¿De dónde provienen las ideas ingeniosas de las tres gallinas? **PREGUNTA ESENCIAL**

¿Qué recompensa recibió Azucena? ¿Qué recompensa recibieron las gallinas? **EL TEXTO Y OTROS TEXTOS**

Enfoque: Género

Cuento folclórico Los cuentos folclóricos son parte de las tradiciones de una región. Se transmiten de abuelos a padres, y de padres a hijos. Algunos de estos cuentos narran las aventuras de personajes que resuelven sus problemas gracias a su ingenio.

Lee y descubre En *La hija del molinero,* el sultán pone difíciles pruebas a Omar, quien las resuelve con ayuda de su hija, la inteligentísima Azucena. Al final, el sultán quiere recompensar al molinero por haber resuelto los complicados acertijos. El molinero le dice al monarca que quien merece el premio es su hija, y el sultán nombra a Azucena como su consejera.

Tu turno

Escoge un cuento folclórico que conozcas. Cambia el ambiente y los personajes para hacerlo más moderno. Haz una tabla de dos columnas. En una columna, enumera las características del cuento folclórico tradicional; en la otra columna, enumera la forma en que aplicaste esas características en tu cuento folclórico moderno. Algunas serán iguales y otras serán distintas. Cuando hayas terminado la tabla, dale un título al nuevo cuento folclórico.